A. MEILLET

QUELQUES HYPOTHÈSES

SUR DES

INTERDICTIONS DE VOCABULAIRE

DANS LES LANGUES INDO-EUROPÉENNES

A. MEILLET

—

QUELQUES HYPOTHÈSES

SUR DES

INTERDICTIONS DE VOCABULAIRE

DANS LES LANGUES INDO EUROPÉENNES

A J. VENDRYES

3 juillet 1906.

En des points du monde très divers, et dans des langues très variées, on observe des tabous de vocabulaire, dont on trouvera un aperçu chez Frazer, *Rameau d'or*, trad. franç., I, p. 331 et suiv. ; dans l'Afrique du Sud, dans le domaine des langues malayo-polynésiennes (y compris Madagascar, v. Van Gennep, *Tabou et totémisme à Madagascar*, p. 104 et suiv.), en Extrême-Orient et aussi en Europe, notamment dans le Nord de l'Europe, il apparaît que certains mots sont interdits par l'usage, soit à un groupe d'hommes, soit à des individus déterminés ; on taboue par exemple le nom d'un mort, celui d'un chef, celui des membres de la famille où l'on prend femme, etc. ; et le tabou ne touche pas seulement les noms propres en question, mais il s'étend aux noms communs, identiques ou non à ces noms, qui sonnent d'une manière identique ou analogue, ou même partiellement analogue.

On a souvent répété que les langues des peuples peu civilisés changeraient avec une grande rapidité et deviendraient méconnaissables au cours d'une seule

génération ; dans la mesure où elle est exacte, l'obser-
vation ne saurait guère se justifier que par les faits de
ce genre ; car ces langues ne sont pas sujettes à des
changements particulièrement rapides ; elles semblent
même avoir une remarquable stabilité dans beaucoup
de cas ; mais il peut arriver qu'un voyageur, à un second
passage, trouve supprimés par des tabous beaucoup de
mots qu'il s'était fait enseigner quelques années aupa-
ravant.

A date historique..cet usage est assez peu attesté
chez les peuples de langue indo-européenne, ou du
moins il affecte des formes nouvelles ; dans la langue
polie on évite depuis longtemps les termes qui expri-
ment proprement et précisément un certain nombre
de fonctions naturelles ; l'influence de cet usage sur le
vocabulaire est bien connue ; on sait par exemple comment le féminin de *gars* a disparu du français ordinaire
parce qu'il était devenu le nom propre de la prostituée,
et comment *fille* étant venu à être affecté à ce sens,
on doit dire *jeune fille* là où l'on disait autrefois *fille*.
On sait aussi comment les jurons ont été modifiés pour
éviter les blasphèmes interdits et comment le français a
morbleu, etc., etc., au lieu de *mort Dieu,* etc., et l'anglais *gog, cocke,* etc., au lieu de *god.*

Il est permis de supposer que, sous sa forme com-
mune, l'usage du tabou a dû exister à date ancienne
dans les populations de langue indo-européenne, et ce
serait un moyen d'expliquer la perte de certains mots
dont on ne s'explique pas aisément la disparition sur

une partie du domaine. Le nom de l'ours en fournit sans doute un bon exemple.

L'ours était commun sur toute l'aire occupée au début de l'époque historique par les langues indo-européennes (v. O. Keller, *Thiere des classischen Alterthums*, p. 106 et suiv.). Et il en existe une désignation dont le caractère indo-européen est certain :

skr. *ŕkṣaḥ*, zd *aršo* (ἄπσξ obtenu par une correction sûre, v. Bartholomae, *Altiran. Wört.*, s. v.), afgh. *yaž*, signī *yurš'*, sariqolī *yürx*, yidghah *yerš*, māzandarānī *aš*, ossète *ars* (v. W. Miller, *Spr. d. Osseten*, p. 32).

gr. ἄρκτος ; ce mot sert à la fois pour le mâle et pour la femelle ; et tel était l'usage indo-européen ; le féminin sanskrit classique *ŕkṣı* est une nouvelle formation nécessitée par le fait que le sanskrit n'a pas conservé de thèmes en -ă- féminins : le lat. *ursa*, dont la formation est différente, est aussi nouveau et remplace un **ursus* féminin, de même que *lupa* remplace un *lupus* féminin attesté chez Ennius et chez Varron (v. Wölfflin, *Arch. f. lat. lexicogr.*, III, 562 et VII, 280 ; Delbrück, *Vergl. synt.*, I, p. 114 ; Neue-Wagener, *Lat. formenlehre*, I³, p. 925 ; Niedermann, *Contribut. à la crit. et à l'explicat. des gloses lat.*, p. 35 ; Wackernagel, *Altind. gramm.*, II, p. 17 ; A. Meillet, *Études sur l'étym. et le vocab. du v. sl.*, p. 246).

lat. *ursus* ;

irl. *art*, gall. *arth* ; la dédicace *deae artioni* « à la déesse à l'ourse », inscrite sur une statue trouvée dans la région bernoise, garantit aussi l'existence du mot en gaulois (S. Reinach, *Rev. Celt.*, XXI, p. 288 et suiv. : Zupitza, K. Z., XXXVII, p. 393 n. ; Dottin, *Manuel p. s. à l'ét. de l'ant. celtique*, p. 240) ; sur le *t* du mot celtique, v. M. S. L., XI, p. 316 et suiv. (et cf. Pedersen, K. Z., XXXVIII, 208 n.) ;

alb. *ari* ;

arm. *arj* (thème en -*o*-, gén. *arjoy*) ; le *j* fait difficulté (v. M. S. L., X, 281 n., et Pedersen, K. Z., XXXVIII, 208 et 213 ; XXXIX, 432), mais il n'y a pas de raison valable d'écarter le mot arménien, comme le fait M. Scheftelowitz, BB., XXVIII. 293 ; dans la traduction arménienne de son travail, M. Pedersen maintient le rapprochement de arm. *arj*, et ne juge pas utile de mentionner les objections de M. Scheftelowitz (revue arménienne *Hantes*, mai 1906).

Il existe un doublet à consonne intérieure simple du même mot :

gr. ἄρκος, ὀρκίλος, et sans doute le nom propre de peuple Ἀρκάδες ;

pers. *xirs* (Hübschmann, K. Ż., XXXVI, p. 164 et suiv.).

Le doublet gr. κτ : κ, iran. *ś* : *s* est d'un type indo-européen (cf. gr. χθον- : χαμ-, skr. *kṣam-* : zd⋅ *zəm-* « terre ») et confirme par suite l'antiquité du nom de l'ours, confirmation que l'ensemble des rapprochements cités rend du reste superflue.

Or, ce mot indo-européen manque complètement en

slave, en baltique et en germanique, et il y est remplacé
par des périphrases et des qualificatifs :

v. sl. *medvědĭ*, serbe *mèdvjed*, slov. *médvęd*, r. *medvě'd'*,
v. pol. *miedz'wiedz'* (Los', *Složnyja slova*, p. 117 ; pol.
mod. *niedz'wiedz'*), v. tch. *medvied* (tch. mod. *nedvěd* ;
v. Gebauer, *Hist. mluv.*, I, p. 444) ; le mot signifie
étymologiquement « mangeur de miel », et répond pour
la forme à véd. *madh(u)v-ád-* ; il sert en slave à nommer l'ours mâle. C'est un des très rares composés
qui soient vraiment slaves communs, et la composi-
tion n'y est plus qu'à peine sensible en slave ; on no
tera les formations altérées par étymologie populaire,
r. dial. *vedme'd'*, pet. r. *vedmíd'*.

v. sl. *mečĭka*, bulg. *méčka*, s. *mĕčka*, r. *méčka* ; ce
mot, étranger aux dialectes slaves occidentaux, désigne
la femelle, qu'on nomme aussi *medvĕdica* sur tout le
domaine slave : le serbe lui a donné un neutre *mĕče*
« ourson » et le bulgare un masculin. Le lit. *meszkà*
« ours (en général) » doit être un emprunt au russe,
avec un léger changement de sens ; il est inutile de
recourir, avec M. Brückner (*Lituslav. stud.*, I, 108), à
un polonais *mieszek,* qui serait plutôt un emprunt
du polonais au lituanien. La dénomination sl. *mečĭka*
est peut-être tirée du grognement de l'ours ; cf. lit.
mekénti « bêler », s. *méčali, méknuti* « bêler » ?

lit. *lokỹs* (accus. *lõkį* ; fém. *lókė*), lette *lācis*. Il y faut
sans doute voir le « lécheur », cf. lit. *lakù* « je lèche »,
comme le suggère M. Gauthiot ; le vocalisme long de la
voyelle radicale est le même que celui de lit. *žõdis*

« parole » en face de *žadù* « je parle », ou de lette *nesis* « joug » en face de *nest* « porter » ; pour la valeur de la formation, on compare naturellement lit. *gaidỹs* « coq » (littéralement « chanteur »), etc., v. Leskien, *Bildung der Nomina,* 295 et suiv.

v. pruss. *clokis* Voc. ; le *c* initial n'est pas une faute, car l'article immédiatement suivant du Vocabulaire est : czidelber « *caltestisklokis* », avec cette même gutturale. L'*o·* du Vocabulaire répond à lit. *o* (ancien *o* ou *ā*). Le mot est donc à rapprocher du type lit. *krõkti* « grogner », *klegéti* « rire bruyamment », etc., et signifie « grogneur » ; c'est un des mots de la grande famille des termes à *kr-* ou *kl-* initial, désignant des bruits divers. Avec lit. *lokỹs* et v. pruss. *clokis,* on a donc les correspondants sémantiques approximatifs de sl. *medvědĭ* et *mečĭka.*

v. h. a. *bero,* ags. *bera* ont été depuis longtemps rapprochés de lit. *béras* « brun », etc. ; car on sait que, dans le roman de Renart, l'ours porte en français le nom de *Brun,* en allemand celui de *Braun,* en anglais celui de *Bruin* ; en norrois, le mot ne paraît être représenté que par v. isl. *berserkr,* nom d'une sorte de vêtement de guerrier (litt. « vêtement d'ours ») ; le nom norrois de l'ours est v. isl. *bjǫrn.* suéd. *björn,* qui est d'une formation différente ; quant à ags. *beorn,* voir Uhlenbeck, P. B. S. B., XXIX, 332 ; Falk et Torp, *Etymolog. ordbok,* p. 58.

Ces dénominations rappellent celles qu'on rencontre chez des populations du Nord de l'Europe, telles que les

Esthoniens, les Finlandais, les Lapons, qui évitent d'appeler l'ours par son nom et qui le qualifient de « la gloire de la forêt », « le vieux », « la superbe patte de miel », « le poilu », « le pied large », « le mangeur de fourmis blanches », etc. On sait d'ailleurs que, d'une manière générale, l'un des tabous de vocabulaire les plus fréquents porte, durant la saison de chasse, sur le nom de la bête qu'on chasse. Chez les Celtes où le nom de l'ours n'a pas disparu comme on vient de le voir, on retrouve des périphrases analogues ; le moyen gallois a *melfochyn*, plur. *melfoch* « ours », litt. « porc à miel », terme qui se retrouve jusque dans un dictionnaire moderne ; l'irlandais a *mathgamain* et simplement *math*, gén. *matho* « ours », à côté de *maith* « bon », gaél. écoss. *math* « bon », comme le montre M. J. Rhys, *Celtae and Galli (Proceed. of the Brit. Academy*, II), p. 4.

La glose γυνοῦπες (l. κυνουπεύς ?)· ἄρκτος,·Μακεδόνες Hes. indique aussi qu'on évitait en Macédoine le nom propre de l'ours. M. O. Hoffmann, *Die Makedonen*, p. 43, y a reconnu un mot apparenté à gr. κυωπ- « animal sauvage ». Les témoignages ne permettent pas de déterminer si cette dénomination a provoqué en Macédoine l'élimination du vieux terme indo-européen, ou si les deux coexistaient comme en celtique.

On est donc conduit à supposer que c'est un tabou qui a entraîné la disparition du nom indo européen de l'ours en slave, en baltique et en germanique ; M. Schrader a déjà émis, sous une forme un peu vague, une idée analogue en s'appuyant sur des faits cités par M. O. Keller (v. son *Reallexikon,* sous le mot *Bär*).

Et en effet on ne voit pas quelle autre cause aurait pu entraîner la disparition du mot.

Il n'y avait pas de cause linguistique : le mot indo-européen est un thème en -*o*-, donc d'un type courant en indo-européen et conservé partout ; c'est un thème dissyllabique et qui, par suite, n'était ni trop bref ni trop long pour se maintenir.

Il n'y avait pas non plus de cause extérieure : l'animal se rencontrait partout, et sur le domaine des Slaves, des Baltes et des Germains plus que partout ailleurs ; il n'affecte pas de formes très diverses appelant des noms très diversifiés ; et, au surplus, les noms nouveaux ne font pas allusion à des variétés différentes les unes des autres.

On est donc bien en présence d'un tabou ; et ce qui achève de le démontrer, c'est le fait, surprenant au premier abord, qu'un autre groupe de langues, le groupe finno-ougrien, n'a aucun mot commun pour désigner l'ours, et que les dénominations de cet animal bien connu de tous les peuples qui parlent ces langues y sont ou empruntées ou périphrastiques et analogues à celles du slave, du baltique et du germanique (d'après une communication de M. Gauthiot à la Société de linguistique de Paris, 24 mars 1906 ; communication suscitée par l'exposé des faits indo-européens qu'on vient de passer en revue).

Étant donné que l'étude du nom de l'ours a révélé le rôle des tabous de vocabulaire dans l'histoire des mots indo européens, il est permis de rechercher si certaines autres particularités ne s'expliqueraient pas de la même manière.

Le serpent est l'un des-animaux dont le nom est le plus souvent taboué. Or, on constate d'abord que les noms indo-européens du « serpent » n'ont chacun qu'une médiocre extension dialectale et ne se rencontrent que dans un petit nombre de langues géographiquement voisines :

1° skr. *áhiḥ*, zd. *ažiš*, arm. *iž*, gr. ὄφις (ou ἔχις ?), terme oriental et hellénique ;

2° sl. **aži* (r. *už*, pol. *wąż*), lit. *angìs*, lat. *anguis*, terme de là région centrale, inconnu à l'indo-iranien et au grec ;

3° got. *nadrs*, irl. *nathir*, lat. *natrix*, terme purement occidental.

Et, de plus, le serpent est souvent désigné par des épithètes :

« rampant » : skr. *sarpáḥ*, lat. *serpens*, gr. ἑρπετόν, alb. *g'arpɛr* ; ces mots ne se recouvrent pas les uns les autres et n'ont de commun que la racine : la racine même est différente dans arm. *zeṙun* à côté de *zeṙal* « ramper » et dans v. h. a. *slango* à côté de *slingan* « ramper ». Il faut évidemment quelque raison particulière pour qu'on désigne le serpent par le « rampant », là où il existe un mot pour dire « serpent ».

« terrestre » : v. sl. *zmìjĭ* et *zmĭja* (cf. *zemlja* « terre » ;

le mot *zmьjь* est dérivé du thème à suffixe zéro **g₁hem-* d'où *zemlja* lui-même est tiré); cette étymologie, due à M. Hirt et reprise par M. Lidén (*Archiv f. slav. phil.*, XXVIII, 38), serait difficile à justifier si une interdiction d'employer le nom propre du « serpent » n'avait obligé à recourir à une périphrase obscure en elle-même, mais qui devenait claire par le fait qu'elle était le substitut d'un terme notoirement interdit, au moins dans certaines conditions. Le skr. *uragaḥ* litt. « qui va sur le ventre » se justifie peut-être de même.

« vert » : lit. *zaltỹs*.

« répugnant » : v. sl. *gadъ* « ἑρπετόν » (ce mot désigne tout animal nuisible dans Euch. 59 a); cf. pol. *żadny*, etc.; v. Zubatý, *Archiv f. slav. phil.*, XVI, 422, et Brugmann, I. F., V, 375.

On peut même se demander si le skr. *nagáḥ* « serpent » ne serait pas plutôt l'équivalent phonétique de v. sl. *nagъ*, lit. *nůgas* « nu » qu'un mot apparenté au groupe germanique de v. isl. *snákr*; si skr. *nagáḥ* appartient à ce dernier groupe, il signifie « rampant » à en juger par v. h. a. *snahhan* « ramper ».

Le nom indo-européen de la souris est établi par le rapprochement bien connu : skr. *mūṣ-*, pers. *mūš*, v. sl. *myšь*, alb. *mī*, gr. *μῦς*, v. h. a. *mus*, v. isl. *mús*, lat. *mus*. Il ne manque que dans deux langues où il est remplacé par des mots se rapportant à la couleur de l'animal; en baltique on a lit. *pelė*, lette *pele* (et v. pruss. *peles* « muskel » Voc., qui atteste indirectement l'existence de *pele* et montre que ce mot a hérité de tous les em-

plois de *mūs-*, aussi bien du sens de « muscle » que
de celui de « souris »), cf. lit. *peléti* « moisir », *pìlkas*
« gris », gr. πολιός, πελιδνός, etc. ; en celtique, on a irl.
luch (gén. *lochat*), gall. *llyg* et *llygoden*, corn. *logoden*,
bret. *lôgôden*, en face de irl. *luch* « noir », gall. *llwg*
« pâle » (M. V. Henry, *Lexique du breton moderne*,
sous *lôgôden*, signale en même temps que celle-ci une
autre étymologie qui semble moins vraisemblable, surtout si l'on tient compte de lit. *pelē*). Or, là où l'on
évite de nommer la souris, en Suède par exemple, on
l'appelle « la petite grise ».

L'existence des tabous pourrait peut être servir aussi
à expliquer les discordances que présentent les noms
du renard dans les diverses langues indo-européennes
(v. Schrader, *Reallexikon*, sous *Fuchs*).

Dans le recueil *Kulturgeschichtliches aus der Tier-
welt*, p. 30, M. O. Keller montre comment les noms
du « crapaud » varient d'une langue à l'autre, par ex.
gr. φρῦνος, φρύνη « brun », lat. *bufo* (mot dialectal. mais
sans doute ancien, v. Niedermann, BB., XXV, 83 et
suiv.) et *rubeta* (d'après la couleur), etc.

Les exemples précédents sont tous tirés de noms
d'animaux, parce que ce sont à peu près les seuls où
l'action du tabou se laisse encore entrevoir. Mais il·a
dû y avoir beaucoup d'interdictions se rapportant à
d'autres notions. Et, à titre de pure hypothèse, on citera
encore un cas assez différent de ceux qui ont été men-
tionnés,

On a observé que, dans une île malaise, près de Sumatra, il est interdit de parler des yeux durant la saison de la chasse. Il est impossible de ne pas songer à cette particularité — et peut-être aussi à la superstition du mauvais œil — quand² on voit de quelle manière bizarre le vieux nom de l'œil — dont la forme était, il* est vrai, très anomale — a été remplacé en irlandais. Au lieu du nom indo-européen de l'œil, l'irlandais emploie le nom du soleil, évidemment parce que le soleil était considéré comme l'œil qui voit tout (Avesta, Yasna, I, 11 ; Homère, Γ, 277) : en regard de gall. *heul,* corn. *heuul,* bret. *héol* « soleil » (cf. gr. ἥλιος, got. *savil,* lit. *sáulė,* etc.), l'irlandais a *súil* « œil » : une pareille déviation de sens ne devient naturelle et explicable que si l'on admet que le nom propre de l'œil a été éliminé, et en effet ce nom ne se retrouve pas plus en brittonique qu'en gaélique.

La forme germanique (got. *augo,* etc.) est trop semblable à lit. *akìs,* v. sl. *oko,* lat. *oculus,* hom. ὄσσε, etc., pour en être séparée, trop différente pour y être ramenée par aucun procédé connu ; n'y aurait-il pas ici une forme voisine de l'ancien nom à *laquelle on aurait recouru parce que ce nom lui-même aurait été taboué ? alors toute recherche directe de l'étymologie de got. *augo* serait inutile et vaine ; peut-être a-t-on affaire à quelque déformation ou à quelque adaptation d'un mot de sens plus ou moins éloigné. On remarquera d'ailleurs que, tout en appartenant pour la plupart à une même racine, les noms de l'œil diffèrent d'une langue indo-européenne à l'autre.

Il est curieux que le duel zend *aši*, qui répond exactement à skr. *akṣí*, ait été attribué au vocabulaire ahrimanien, sans doute dès les gâthâs (Yasna, XXXII, 10) ; pour les êtres bons, on lit dans l'Avesta *čašma*, qui s'est conservé jusqu'à l'époque actuelle (pers. *čašm*), ou *doiθrəm*, formation nouvelle et peut-être artificielle, qu'ignorent les dialectes modernes. De même le vieux mot zd *uši* « les (deux) oreilles » (cf. v. sl. *uši*) est ahrimanien, ainsi que *karəna-* = skr. *kárṇa-* « oreille » ; le mot employé pour les êtres bons est le terme exclusivement propre à l'iranien zd *gaošo*, v. pers. *gauša*, qui se retrouve encore aujourd'hui dans pers. *goš*. Par ailleurs, au contraire, c'est le terme indo-iranien qui sert pour les êtres bons, ainsi zd *zasto* « main » = skr. *hástah*, ou zd *pad-* = skr. *pad-* « pied », et ces mots survivent encore maintenant, ainsi persan *dast* (v. pers. *dasta*) et *pai* ; les termes ahrimaniens sont alors empruntés à un mot ancien, mais accessoire, comme zd *gava-* « main » (v. Lidén, *Arm. stud.*, p. 120), ou artificiellement fabriqués pour les besoins d'un passage particulier, comme les ἅπαξ zd *dvarəθra-* et *zbaraθa-* « pied » ; le vocabulaire ahrimanien de l'Avesta n'a, comme on le voit, aucune unité ; si on l'étudiait en détail, il faudrait ajouter aux types cités ici celui des cas où le terme propre est employé seulement pour les êtres ahrimaniens, et est remplacé pour les êtres bons par un euphémisme : les êtres ahrimaniens « meurent » (racine *mar-*), les êtres bons « passent ».

Il est donc licite de supposer que certaines interdictions ont pu porter sur le nom de l'œil et aussi sur celui de l'oreille **aus-*, **us-*, qui se trouve n'être pas représenté en sanskrit, qui est ahrimanien dans l'Avesta et qui a disparu de bonne heure dans les dialectes iraniens.

L'expression de l'idée de « droit » se fait dans presque tous les dialectes indo-européens au moyen de diverses formations d'un même élément radical **deks-* qui se rencontre depuis l'indo-iranien jusqu'à l'italoceltique, en passant par le baltique, le slave, l'albanais, le germanique et le grec ; l'arm. *aj* « droit » diverge seul (v. Lidén, *Arm. stud.*, p. 75 et suiv.). Au contraire, pour l'idée de « gauche », il y a plusieurs expressions distinctes, dont chacune n'a qu'une faible extension :

1° skr. *savyáḥ,* zd *haoya-,* v. sl. *šujĭ* ;

2° v. sl. *lěvŭ,* gr. λαιός, lat. *laeuos* ;

3° gr. σκαιός, lat. *scaeuos* ; cf. peut-être lit. *kairê*.

Et non seulement on a ainsi trois termes indo-européens distincts au lieu d'un qu'on a pour l'idée de « droit », mais surtout chaque langue recourt à des artifices pour exprimer cette notion qu'on préférait ne pas nommer directement ; le grec a εὐώνυμος et ἀριστερός, l'Avesta *vairyāstara-* (v. Bartholomae, *Altiran. wört.*, sous ce mot), etc. ; on trouvera les principaux moyens dont on s'est servi chez Schrader, *Reallexikon*, sous *Rechts und Links*.

Si les noms de maladies et d'infirmités, même des plus fréquentes et des plus connues, comme la boiterie, la cécité, la surdité, diffèrent d'une langue à l'autre et ne sont réductibles que rarement à des formes indo-européennes, c'est évidemment qu'on évitait ces noms.

D'une manière générale, l'absence d'un nom indo-européen commun dans des conditions où a priori on s'attendrait à en trouver un appelle toujours une explication, et ce n'est pas forcer l'importance du principe des interdictions linguistiques que d'attribuer à des sortes de tabous l'inexistence d'un terme indo-européen pour une notion qui en devrait normalement avoir un. Mais, comme ces interdictions ne sont pas directement attestées, on doit aussi se garder d'exagérer le rôle de pareilles explications et même de rien affirmer à cet égard d'une manière absolue.

CHARTRES. — IMPRIMERIE DURAND, RUE FULBERT.

CHARTRES. — IMPRIMERIE DURAND, RUE FULBERT